Rhagor o gwestiynau eisiau/isio	More 'to want' questions	68
Pa liw ...? a Siapiau	What colour ...? and Shapes	70
Pwy a Beth/Be?	Who and What?	72
dy hoff ... di	your favourite ...	76
Geirfa Anifeiliaid	Animal vocabulary	77
Amser	Time	80
Wyt ti wedi ...?	Have you ...?	84
Meddiant	Possession	88–98
Geirfa Anifeiliaid anwes	Pets vocabulary	89
Rhai eitemau cyffredin	Some common items	95
Beth sy'n bod? / Oedran	What's the matter? / Age	99
Y Gorffennol	The Past Tense	102–123
Geirfa Pynciau ysgol	School subjects vocabulary	107
Y Dyfodol	The Future Tense	124
Yr wyddor Gymraeg, rhifau, lliwiau, misoedd, dyddiau a nosweithiau'r wythnos	The Welsh alphabet, numbers, colours, months, days and evenings of the week	Cover flaps

Helô! Del dw i.

Helô, Nia dw i, nith Del. Croeso!

hello! Del dwee.

hello! Nia dwee, neeth Del. <u>kroy</u>-soh!

Hello! I'm Del!

Hello! I'm Nia, Del's niece. Welcome!

DEL DOES PARENTING

Elin Meek

**Illustrations
Ryan Head**

Cynnwys / Contents

Cynnwys	Contents	
Croeso!	Welcome!	4
Cyfarchion ac ati	Greetings etc.	6
Dechrau arni	First things	10–14
eisiau/isio	to want	20
hoffi	to like	26
mynd	to go	34
cael	to have / to be allowed to	36
gallu/medru	to be able to	38
Defnyddio'r Presennol	Using the Present Tense	44
Gorchmynion	Commands	46
Gorchmynion negyddol	Negative commands	50
Ble mae …?/Lle mae …?	Where is …?	54
Gofyn ble/lle mae rhywbeth	Asking where something is	56
dy ddillad di	your clothes	58
Dyma …	This is …	62
Geirfa'r Wyneb a'r Corff	Face and Body vocabulary	63
Gorchmynion gyda 'dy'/'eich'	Commands with 'dy'/'eich'	66

Cyfarchion ac ati	Greetings etc
Sut wyt ti?	*How are you? (singular familiar)*
Sut dych chi? (S.W.) Sut dach chi? (N.W.)	*How are you? (singular formal or plural)*
Da iawn, diolch. Iawn. Ofnadwy. Wedi blino.	*Very good, thanks.* *OK.* *Terrible.* *Tired.*
Bore da! Prynhawn da! Noswaith dda! Nos da!	*Good morning!* *Good afternoon!* *Good evening!* *Good night!*
Hwyl! Hwyl am y tro!	*Good-bye!* *Bye for now!*
Esgusodwch fi.	*Excuse me.*
Plîs.	*Please.*

Diolch.	*Thanks/Thank you.*
Diolch yn fawr.	*Thanks a lot.*
Diolch yn fawr iawn.	*Thank you very much.*
Sori.	*Sorry.*

Dw i a Taid yn gofalu am Nia.

dwee a Tied uhn gohv-<u>ahl</u>-ee ahm Nia.

Taid and I are looking after Nia.

Dechrau arni	First things
Merch dda! (S.W.) Hogan dda! (N.W.)	Good girl!
Dyna ferch dda! (S.W.) Dyna hogan dda! (N.W.)	There's a good girl!
Bachgen da! (S.W.) Hogyn da! (N.W.)	Good boy!
Dyna fachgen da! (S.W.) Dyna hogyn da! (N.W.)	There's a good boy!
Dyna blant da!	There's good children! What good children!
Cariad bach!	Love!
Megan fach!	Megan love!
Dafydd bach!	Dafydd love!
Gwych!	Great!
Da iawn, ti!	Well done, you! (sing.)
Da iawn, chi!	Well done, you! (pl.)

Hwrê!	*Hooray!*
Hyfryd!	*Lovely!*
Am hwyl!	*What fun!*

Ych a fi!	*Ugh!*
Dyna ddigon!	*That's enough!*
Dyna ofnadwy!	*How awful!*
Wel, wel!	*Well, well!*
Gan bwyll!	*Slowly! /Carefully! /Gently!*

Hapus?	*Happy?*
Iawn?	*Alright? / OK?*
Barod?	*Ready?*
Wedi blino?	*Tired?*

DYNA FERCH DDA!

AM HWYL!

Dechrau arni	First things
Amser codi!	*Time to get up!*
Amser ymolchi!	*Time to get washed!*
Amser brwsio dannedd!	*Time to brush (your) teeth!*
Amser gwisgo!	*Time to get dressed!*
Amser brecwast!	*Breakfast time!*
Amser cinio!	*Lunchtime!*
Amser te!	*Teatime!*
Amser swper!	*Suppertime!*
Amser mynd i'r ysgol!	*Time to go to school!*
Amser stori!	*Storytime!*
Amser chwarae!	*Playtime!*
Amser tacluso!	*Time to tidy up!*
Amser cawod / bath!	*Time for a shower! / Bath time!*
Amser gwely!	*Bedtime!*

Bant â ni! (S.W.) I ffwrdd â ni! (N.W.)	*Off we go!*
Mas â ti! (S.W.) Allan â ti! (N.W.)	*Out you (sing.) go!*
I mewn â chi!	*In you (pl.) go!*

Co! (S.W.) Yli! (N.W.)	*Look!*
Un arall? Dyma ti.	*Another one? Here you (sing.) are.*
Rhagor? Dyma chi.	*More? Here you (pl.) are.*

Pen-blwydd Hapus!	*Happy Birthday!*
Nadolig Llawen!	*Merry Christmas!*
Blwyddyn Newydd Dda!	*A Happy New Year! (lit. good)*

Gwych!
Dyma hwyl!

gooeech!
<u>duh</u>-mah hooeel!

**Great!
What fun!**

Bore da!
Amser codi!

<u>bore</u>-eh dah!
<u>ahms</u>-ehr <u>cohd</u>-ee!

Good morning!
Time to get up!

Amser mynd i'r ysgol! Bant â ni! (S.W.)

<u>ahm</u>-ser meend eer <u>uhs</u>-gohl bahnt ah nee!

Time to go to school! Off we go!

I ffwrdd â ni! (N.W.)

eisiau/isio	to want
Beth wyt ti eisiau ...? (S.W.) Be wyt ti isio ...? (N.W.)	What do you (sing.) want ...?
... i frecwast? / ... i ginio?	... for breakfast? / ... for lunch?
... i de? / ... i swper?	... for tea? / ... for supper?

Wyt ti eisiau tost? (S.W.) Wyt ti isio tost? (N.W.)	Do you (sing.) want toast?
Ydw. / Nac ydw. (S.W.) Oes/Nac oes (N.W.)	Yes (I do). / No (I don't).

Dw i eisiau banana. (S.W.) Dw i isio banana. (N.W.)	I want a banana.
Dw i ddim eisiau iogwrt. (S.W.) Dw i ddim isio iogwrt. (N.W.)	I don't want yoghurt.
Rwyt ti eisiau oren. (S.W.) Rwyt ti isio oren. (N.W.)	You (sing.) want an orange.
Dwyt ti ddim eisiau dŵr. (S.W.) Dwyt ti ddim isio dŵr. (N.W.)	You (sing.) don't want water.

Beth dych chi eisiau (ei) ...? (S.W.) Be dach chi isio (ei) ...? (N.W.) ... wneud? ... wisgo? ... fwyta?	*What do you (pl.) want ...?* *... to do?* *... to wear?* *... to eat?*

Dych chi eisiau mynd? (S.W.) Dach chi isio mynd? (N.W.) Ydyn. / Nac ydyn. (S.W.) Oes. / Nac oes. (N.W.)	*Do you (pl.) want to go?* *Yes (we do). / No (we don't).*

'Dyn ni eisiau chwarae. (S.W.) Dan ni isio chwarae. (N.W.)	*We want to play.*
'Dyn ni ddim eisiau gwisgo cot. (S.W.) Dan ni ddim isio gwisgo cot. (N.W.)	*We don't want to wear a coat.*
Dych chi eisiau bwyta. (S.W.) Dach chi isio bwyta. (N.W.)	*You (pl.) want to eat.*
Dych chi ddim eisiau mynd. (S.W.) Dach chi ddim isio mynd. (N.W.)	*You (pl.) don't want to go.*

Ych-a-fi! Siocled!
Dw i eisiau llysiau i ginio!

uhkch-ah-<u>vee</u>! <u>shock</u>-led!
dwee <u>eh</u>-shy <u>lluhsh</u>-eeay ee <u>geen</u>-eeoh!

Ugh! Chocolate!
I want vegetables for lunch!

Ych-a-fi! Siocled!
Dw i isio llysiau i ginio! (N.W.)

Salad i swper! Hyfryd!

salad ee <u>soup</u>-ehr!
<u>huhv</u>-rid!

A salad for supper!
Lovely!

*fforc

*cyllell

hoffi	to like
Beth wyt ti'n hoffi (ei) wneud ...? (S.W.) Be wyt ti'n hoffi (ei) wneud ...? (N.W.)	What do you (sing.) like doing ...?
... yn yr ysgol? / ... yn y parc?	... in school? / ... in the park?
... yn y tŷ? / ... ar lan y môr?	... in the house? / ... at the seaside?
Wyt ti'n hoffi darllen?	Do you (sing.) like reading?
Ydw. / Nac ydw.	Yes (I do). / No (I don't).
Dw i'n hoffi canu.	I like singing.
Dw i ddim yn hoffi ysgrifennu. (S.W.) Dw i ddim yn hoffi sgwennu. (N.W.)	I don't like writing.
Rwyt ti'n hoffi chwarae.	You (sing.) like playing.
Dwyt ti ddim yn hoffi rhedeg.	You (sing.) don't like running.

WYT TI'N HOFFI CANU?

NAC YDW.

Beth dych chi'n hoffi (ei) wneud ...? (S.W.) Be dach chi'n hoffi (ei) wneud ...? (N.W.)	What do you (pl.) like doing ...?
...yn yr ysgol? / ... yn y parc?	... in school? / ... in the park?
... yn y tŷ? / ... ar lan y môr?	... in the house? / ... at the seaside?

Dych chi'n hoffi mynd ar y llithren? (S.W.) Dach chi'n hoffi mynd ar y llithren? (N.W.)	Do you (pl.) like going on the slide?
Ydyn. / Nac ydyn. (S.W.) Ydan. / Nac ydan. (N.W.)	Yes (we do). / No (we don't).

'Dyn ni'n hoffi tynnu llun. (S.W.) Dan ni'n hoffi tynnu llun. (N.W.)	We like drawing a picture.
'Dyn ni ddim yn hoffi mynd ar y siglen. (S.W.) Dan ni ddim yn hoffi mynd ar y siglen. (N.W.)	We don't like going on the swings.
Dych chi'n hoffi chwarae. (S.W.) Dach chi'n hoffi chwarae. (N.W.)	You (pl.) like to play.
Dych chi ddim yn hoffi rhedeg. (S.W.) Dach chi ddim yn hoffi rhedeg. (N.W.)	You (pl.) don't like running.

Dw i'n hoffi tynnu llun yn yr ysgol.

dween <u>hoff</u>-ee <u>ton</u>-ee lleen uhn uhr <u>uhs</u>-gol

I like drawing pictures in school.

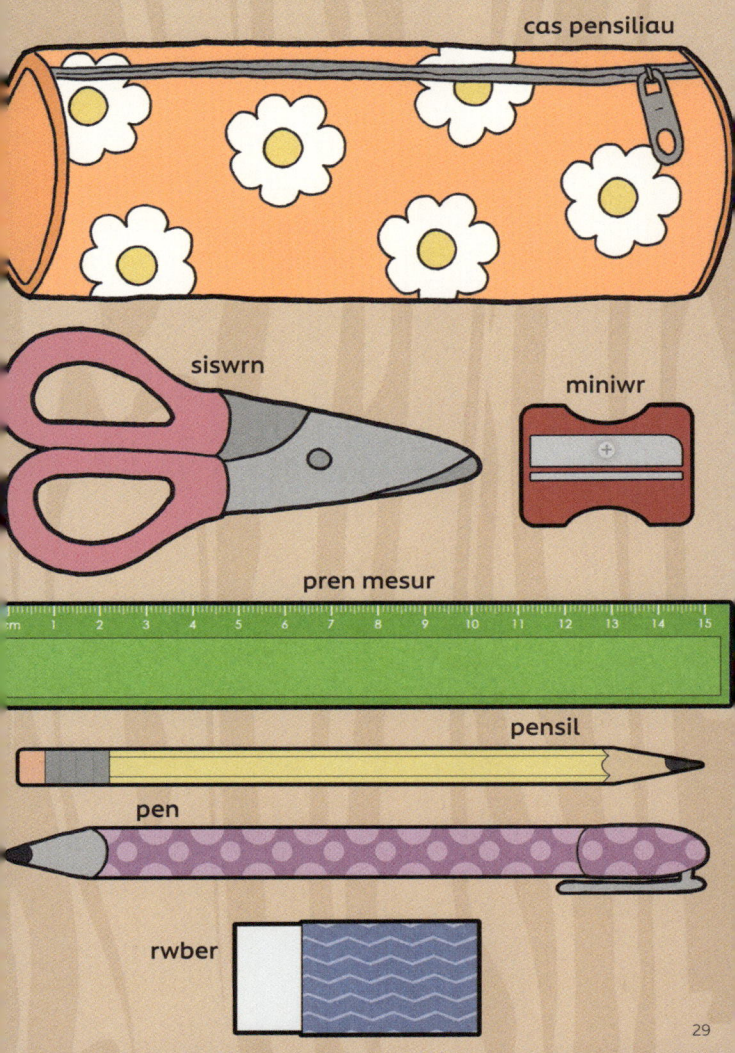

Wyt ti'n hoffi'r ysgol, Taid?

ooeet teen <u>hoff</u>-eer <u>uhs</u>-gol, Tied?

Do you like school, Taid?

Wyt ti'n hoffi mynd ar y siglen, Taid?

ooeet teen <u>hoff</u>-ee mihnd
ahr uh <u>sig</u>-len, Tied?

Do you like going on the swings, Taid?

mynd	to go
'Dyn ni'n mynd ... (S.W.) Dan ni'n mynd ... (N.W.)	We're going ...
... i'r ysgol.	... to school.
... i'r cylch meithrin.	... to the playgroup.
... i'r pwll nofio.	... to the swimming pool.
... i'r sesiwn pêl-droed.	... to the football session.
... i'r clwb darllen.	... to the reading club.
... i'r wers jiwdo.	... to the judo lesson.
... i lan y môr.	... to the seaside.
... i nofio.	... to swim/swimming.
... i chwarae.	... to play.
... i gael hwyl.	... to have fun.

WYT TI'N MYND I LAN Y MÔR?

DW I'N MYND I'R SESIWN PÊL-DROED.

Wyt ti'n mynd …?	Are you (sing.) going …?
Rwyt ti'n mynd i'r wers nofio.	You're (sing.) going to the swimming lesson.
Dwyt ti ddim yn mynd i lan y môr.	You're (sing.) not going to the seaside.

Dych chi'n mynd …? (S.W.) Dach chi'n mynd …? (N.W.)	Are you (pl.) going …?
Dych chi'n mynd i nofio. (S.W.) Dach chi'n mynd i nofio. (N.W.)	You're (pl.) going swimming.
Dych chi ddim yn mynd i chwarae. (S.W.) Dach chi ddim yn mynd i chwarae. (N.W.)	You're (pl.) not going to play.

DWYT TI DDIM YN MYND I GAEL HWYL, DEL!

RWYTTI'N MYND I'R CLWB DARLLEN, DEL.

cael	to have / to be allowed to
'Dyn ni'n cael cyri a reis i swper. (S.W.) Dan ni'n cael cyri a reis i swper. (N.W.)	We're having curry and rice for supper.
Rwyt ti'n cael tost a jam i frecwast.	You're (sing.) having toast and jam for breakfast.
Dych chi'n cael hufen iâ i bwdin. (S.W.) Dach chi'n cael hufen iâ i bwdin. (N.W.)	You're (pl.) having ice cream for pudding.

'Dyn ni'n cael mynd yno. (S.W.) Dan ni'n cael mynd yno. (N.W.)	We're allowed to go there.
'Dyn ni ddim yn cael chwarae yma. (S.W.) Dan ni ddim yn cael chwarae yma. (N.W.)	We're not allowed to play here.

RWYT TI'N CAEL TOST A JAM I FRECWAST.

YCH A FI!

Rwyt ti'n cael mynd heno.	You (sing.) are allowed to go tonight.
Dwyt ti ddim yn cael aros nos yfory.	You're (sing.) not allowed to stay tomorrow night.
Dych chi'n cael nofio wedyn. (S.W.) Dach chi'n cael nofio wedyn. (N.W.)	You're (pl.) allowed to swim afterwards.
Dych chi ddim yn cael mynd heno. (S.W.) Dach chi ddim yn cael mynd heno. (N.W.)	You're (pl.) not allowed to go tonight.

wedyn	afterwards
heddiw	today
(y) bore 'ma	this morning
(y) prynhawn 'ma	this afternoon
heno	tonight
yfory	tomorrow
nos yfory	tomorrow night
dydd Sadwrn	Saturday

gallu/medru	to be able to
Wyt ti'n gallu canu? (S.W.) Wyt ti'n medru canu? (N.W.)	Can you (sing.) sing? / Are you (sing.) able to sing?
Beth wyt ti'n gallu (ei) wneud? (S.W.) Be wyt ti'n medru (ei) wneud? (N.W.)	What can you (sing.) do? / What are you (sing.) able to do?

Rwyt ti'n gallu dawnsio. (S.W.) Rwyt ti'n medru dawnsio. (N.W.)	You (sing.) can dance. / You're (sing.) able to dance.
Dwyt ti ddim yn gallu gwau. (S.W.) Dwyt ti ddim yn medru gwau. (N.W.)	You (sing.) can't knit. / You're (sing.) not able to knit.
Dw i'n gallu gweld popeth! (S.W.) Dw i'n medru gweld popeth! (N.W.)	I can see everything!
Dw i ddim yn gallu clywed. (S.W.) Dw i ddim yn medru clywed. (N.W.)	I can't hear.

Dych chi'n gallu lliwio? (S.W.) Dach chi'n medru lliwio? (N.W.)	Can you (pl.) colour in? / Are you (pl.) able to colour in?
Beth dych chi gallu (ei) wneud? (S.W.) Be dach chi'n medru (ei) wneud? (N.W.)	What can you (pl.) do? / What are you (pl.) able to do?

'Dyn ni'n gallu gwneud jig-so. (S.W.) Dan ni'n medru gwneud jig-so. (N.W.)	We can do a jigsaw puzzle. / We're able to do a jigsaw puzzle.
'Dyn ni ddim yn gallu gwnïo. (S.W.) Dan ni ddim yn medru gwnïo. (N.W.)	We can't sew. / We're not able to sew.

WYT TI'N GALLU TYNNU LLUN, DEL?

NAC YDW, DW I DDIM YN GALLU TYNNU LLUN.

Dw i'n gallu chwarae pêl-droed yn dda. (S.W.)

dween <u>gahll</u>-ee <u>kchoowahr</u>-eye pehl-<u>droid</u> uhn thah

I can play football well.

Dw i'n medru chwarae pêl-droed yn dda. (N.W.)

Dw i ddim yn gallu sillafu! (S.W.)

dwee thim uhn <u>gahll</u>-ee sill-<u>ahv</u>-ee!

I can't spell!

Dw i ddim yn medru sillafu! (N.W.)

Defnyddio'r Presennol	Using the Present Tense
Wyt ti'n deall? (S.W.) Wyt ti'n dallt? (N.W.)	Do you (sing.) understand?
Wyt ti'n cofio?	Do you (sing.) remember?
Wyt ti'n gwybod?	Do you (sing.) know?
Wyt ti'n gweld?	Do you (sing.) see?
Wyt ti'n gwrando?	Are you (sing.) listening?
Ydw. / Nac ydw.	Yes (I do / I am.) / No (I don't / I'm not.)

Dwyt ti ddim yn deall. (S.W.) Dwyt ti ddim yn dallt. (N.W.)	You (sing.) don't understand.
Rwyt ti'n cofio.	You (sing.) remember.
Rwyt ti'n gwybod.	You (sing.) know.
Dwyt ti ddim yn gwrando.	You're (sing.) not listening.

WYT TI'N GWRANDO?

YDW!

Dych chi'n deall? (S.W.) Dach chi'n dallt? (N.W.)	*Do you (pl.) understand?*
Dych chi'n cofio? (S.W.) Dach chi'n cofio? (N.W.)	*Do you (pl.) remember?*
Dych chi'n gwybod? (S.W.) Dach chi'n gwybod? (N.W.)	*Do you (pl.) know?*
Dych chi'n gweld? (S.W.) Dach chi'n gweld? (N.W.)	*Do you (pl.) see?*
Dych chi'n gwrando? (S.W.) Dach chi'n gwrando? (N.W.)	*Are you (pl.) listening?*

Ydyn. / Nac ydyn. (S.W.) Ydan. / Nac ydan. (N.W.)	*Yes (we do / we are.) / No (we don't / we aren't.)*

Dych chi'n cofio. (S.W.) Dach chi'n cofio. (N.W.)	*You (pl.) remember.*
Dych chi'n gweld. (S.W.) Dach chi'n gweld. (N.W.)	*You (pl.) see.*

Gorchmynion	Commands
Stopia!	Stop! (sing.)
Bihafia!	Behave! (sing.)
Brysia!	Hurry up! (sing.)
Eistedda!	Sit! (sing.)
Edrycha!	Look! (sing.)
Arhosa!	Wait! (sing.)
Gwrandawa!	Listen! (sing.)
Bwyta'n araf!	Eat slowly! (sing.)
Taclusa'r dillad!	Tidy up the clothes! (sing.)
Yfa'n araf!	Drink slowly! (sing.)
Bydd yn ofalus! (S.W.) Bydda'n ofalus! (N.W.)	Be careful! (sing.)
Cer! (S.W.) Dos! (N.W.)	Go! (sing.)
Dere 'ma! (S.W.) Tyrd yma! (N.W.)	Come here! (sing.)
Rho fe i fi, plîs. (S.W.) Rho fo i mi, plîs. (N.W.)	Give it to me, please. (sing.)

Stopiwch!	*Stop! (pl.)*
Bihafiwch!	*Behave! (pl.)*
Brysiwch!	*Hurry up! (pl.)*
Eisteddwch!	*Sit! (pl.)*
Edrychwch!	*Look! (pl.)*
Arhoswch!	*Wait! (pl.)*
Gwrandewch!	*Listen! (pl.)*
Tacluswch y teganau!	*Tidy up the toys! (pl.)*
Bwytwch yn araf!	*Eat slowly! (pl.)*
Yfwch yn araf!	*Drink slowly! (pl.)*
Byddwch yn ofalus!	*Be careful! (pl.)*
Cerwch! (S.W.) Ewch! (N.W.)	*Go! (pl.)*
Dewch yma!	*Come here! (pl.)*
Rhowch e i fi, plîs. (S.W.) Rhowch o i mi, plîs. (N.W.)	*Give it to me, please. (pl.)*

BIHAFIA, DEL!

Dwyt ti ddim yn deall, Beca! Gad fi i fod! (S.W.)

dooeet tee thim uhn <u>deh</u>-ahll, Beca! gahd vee ee vohd!

You don't understand, Beca! Leave me alone!

Dwyt ti ddim yn dallt, Beca! Gad lonydd i mi! (N.W.)

Gorchmynion negyddol	Negative commands
Paid â chwerthin!	Don't laugh! (sing.)
Paid â dweud (gair)!	Don't say (a word)! (sing.)
Paid â mynd!	Don't go! (sing.)
Paid â rhedeg!	Don't run! (sing.)
Paid â siarad!	Don't talk! (sing.)
Paid â thorri dim byd! (< torri)	Don't break anything! (sing.)
Paid â chyffwrdd! (< cyffwrdd)	Don't touch! (sing.)
Paid â phoeni! (< poeni)	Don't worry! (sing.)
Paid ag ateb yn ôl!	Don't answer back! (sing.)
Paid ag yfed yn gyflym!	Don't drink quickly! (sing.)

Peidiwch â chwerthin!	*Don't laugh! (pl.)*
Peidiwch â dweud (gair)!	*Don't say (a word)! (pl.)*
Peidiwch â mynd!	*Don't go! (pl.)*
Peidiwch â rhedeg!	*Don't run! (pl.)*
Peidiwch â siarad!	*Don't talk! (pl.)*

Peidiwch â throi! (< troi)	*Don't turn! (pl.)*
Peidiwch â cholli dim byd! (<colli)	*Don't lose anything! (pl.)*
Peidiwch â pheintio ar y carped! (< peintio)	*Don't paint on the carpet! (pl.)*

Peidiwch ag aros yma!	*Don't wait here! (pl.)*
Peidiwch ag edrych!	*Don't look! (pl.)*

PEIDIWCH Â DWEUD GAIR, DEL A TAID!

Paid â strancio, Nia!

paheed ah <u>strank</u>-eeoh Nia!

Don't throw a tantrum, Nia!

Ble mae ...?/Lle mae ...?	Where is ...?
Ble mae Tedi? (S.W.) Lle mae Tedi? (N.W.)	Where is Teddy?
Ble mae'r Lego? (S.W.) Lle mae'r Lego? (N.W.)	Where is the Lego?
Ble mae'r llyfr? (S.W.) Lle mae'r llyfr (N.W.)	Where is the book?
Ble mae'r blociau? (S.W.) Lle mae'r blociau? (N.W.)	Where are the blocks?
Ble mae'r llyfrau? (S.W.) Lle mae'r llyfrau? (N.W.)	Where are the books?
Ble mae'r teganau? (S.W.) Lle mae'r teganau? (N.W.)	Where are the toys?

LLE MAE DEL A TAID?

O FLAEN Y TELEDU!

Mae'r Lego ...	The Lego is ...
... ar y carped.	... on the carpet.
... ar y silff.	... on the shelf.
... yn y bocs.	... in the box.
... yn y cwpwrdd.	... in the cupboard.
... yn y drôr.	... in the drawer.
... o dan y ford. (S.W.) ... o dan y bwrdd. (N.W.)	... under the table.
... o flaen y teledu.	... in front of the television.
... ar bwys y gadair. (S.W.) ... wrth ymyl y gadair. (N.W.)	... next to the chair.
... gyda ti (S.W.) gen ti. (N.W.)	... with you. (sing.)
... gyda chi. (S.W.) ... gynnoch chi. (N.W.)	... with you. (pl.)
Mae'r teganau yn y bocs.	The toys are in the box.

BLE MAE'R LLYFRAU?

AR Y SILFF.

Gofyn ble/lle mae rhywbeth	*Asking where something is*
Ydy Doli yn yr ystafell wely?	*Is Dolly in the bedroom?*
Ydy Tedi yn y tŷ bach?	*Is Teddy in the toilet?*
Ydy Dewi yn yr ystafell ymolchi?	*Is Dewi in the bathroom?*
Ydy Megan yn y garej?	*Is Megan in the garage?*
Ydy Mr Jones yn yr ystafell ddosbarth?	*Is Mr Jones in the classroom?*
Ydy'r Lego yn y lolfa?	*Is the Lego in the lounge?*
Ydy'r ci yn yr ardd?	*Is the dog in the garden?*
Ydy'r gath yn y gegin?	*Is the cat in the kitchen?*

Ydy. / Nac ydy.	*Yes (he/she/it is). / No (he/she/it isn't).*

YDY'R CI YN YR ARDD?

YDY.

Mae Doli yn yr ystafell wely.	Dolly is in the bedroom.
Mae Megan yn y garej.	Megan is in the garage.
Mae Mr Jones yn yr ystafell ddosbarth.	Mr Jones is in the classroom.
Mae'r Lego yn y lolfa.	The Lego is in the lounge.
Mae'r ci yn yr ardd.	The dog is in the garden.

Dyw Tedi ddim yn y tŷ bach. (S.W.) Dydy Tedi ddim yn y tŷ bach. (N.W.)	Teddy isn't in the toilet.
Dyw Megan ddim yn y garej. (S.W.) Dydy Megan ddim yn y garej. (N.W.)	Megan isn't in the garage.
Dyw'r gath ddim yn y gegin. (S.W.) Dydy'r gath ddim yn y gegin. (N.W.)	The cat isn't in the kitchen.

DYW'R GATH DDIM YN Y GEGIN.

dy ddillad di	your clothes
Ble mae dy siwmper ysgol di? (S.W.) Lle mae dy siwmper ysgol di? (N.W.)	Where's your (sing.) school jumper?
Ble mae dy got di? (S.W.) Lle mae dy got di? (N.W.)	Where's your (sing.) coat?

Ble mae eich esgidiau chi? (S.W.) Lle mae eich esgidiau chi? (N.W.)	Where are your (pl.) shoes?
Ble mae eich sanau chi? (S.W.) Lle mae eich sanau chi? (N.W.)	Where are your (pl.) socks?

Mae dy sanau di yn yr ystafell wely.	Your (sing.) socks are in the bedroom.
Mae dy siwmper di yn y car.	Your (sing.) jumper is in the car.
Mae eich esgidiau chi yn yr ardd.	Your (pl.) shoes are in the garden.
Mae eich dillad chi yn yr ystafell ymolchi.	Your (pl.) clothes are in the bathroom.

Dyw dy got di ddim yn y gegin. (S.W.) Dydy dy got di ddim yn y gegin. (N.W.)	Your (sing.) coat isn't in the kitchen.
Dyw eich menig chi ddim yn y lolfa. (S.W.) Dydy eich menig chi ddim yn y lolfa. (N.W.)	Your (pl.) gloves aren't in the lounge.

Dim syniad!		No idea!

Quick clothes vocabulary – *only those with soft mutation after* **dy** – *your (sing.).* * *denotes feminine words*

*blows	(dy flows di)	*blouse*
*cardigan	(dy gardigan di)	*cardigan*
*cot	(dy got di)	*coat*
crys	(dy grys di)	*shirt*
crys T	(dy grys T di)	*T-shirt*
dillad	(dy ddillad di)	*clothes*
dillad isaf	(dy ddillad isaf di)	*underwear*
dillad nofio	(dy ddillad nofio di)	*swimwear*
dillad nos	(dy ddillad nos di)	*nightwear*
dillad ysgol	(dy ddillad ysgol di)	*school uniform*
menig	(dy fenig di)	*gloves*
pyjamas	(dy byjamas di)	*pyjamas*
trowsus	(dy drowsus di)	*trousers*

Mae dy siwmper di yn y lolfa, Del.

mahee duh sea-<u>oomp</u>-err dee uhn uh <u>lohl</u>-vah, Del

Your jumper is in the lounge, Del.

Dyma ...	This is ...
Dyma wyneb Doli. Dyma dy wyneb di.	This is Dolly's face. This is your (sing.) face.
Dyma drwyn Mam. Dyma dy drwyn di.	This is Mam's nose. This is your (sing.) nose.
Dyma geg Betsi. Dyma dy geg di.	This is Betsi's nose. This is your (sing.) mouth.
Dyma lygaid Tedi. Dyma dy lygaid di.	These are Teddy's eyes. These are your (sing.) eyes.

Quick face and body vocabulary – *only those with soft mutation after* **dy** – *your (sing.) or* **dyma** *(this is/these are)*
* denotes feminine words

bawd/bodiau	(dy fawd di)	thumb
* boch/bochau	(dyma fochau Nel)	cheek/s
bola (S.W.) bol (N.W.)	(dy fola di)	belly
* braich/breichiau	(dy fraich di)	arm/s
bys/bysedd	(dyma fysedd Ben)	finger/s
cefn	(dy gefn di)	back
* ceg	(dy geg di)	mouth
(*) clust/clustiau	(dy glustiau di)	ear/s
* coes/coesau	(dy goesau di)	leg/s
dant/dannedd	(dy ddannedd di)	tooth/teeth
gwallt	(dy wallt di)	hair
gwddf	(dyma wddf Twm)	neck
*llaw/dwylo	(dy law di, dy ddwylo di)	hand/s
llygad/llygaid	(dyma lygaid Tedi)	eye/s
pen ôl	(dy ben ôl di)	bottom
pen	(dyma ben Seren)	head
talcen	(dyma dalcen Mam)	forehead
* troed/traed	(dyma draed Sali)	foot/feet
trwyn	(dy drwyn di)	nose

Dw i'n hoffi dy farf di, Del!

dween <u>hoff</u>-ee duh vahrv dee, Del!

I like your beard, Del!

Gorchmynion gyda 'dy'/'eich'	Commands with 'dy'/'eich'
Gwisga dy sanau.	Put on your (sing.) socks.
Tynna dy esgidiau.	Take off your (sing.) shoes. (lit. Pull)
Taclusa dy deganau.	Tidy up your (sing.) toys.
Tafla dy bêl.	Throw your (sing.) ball.
Brwsia dy ddannedd.	Brush your (sing.) teeth.
Cofia dy fenig.	Remember your (sing.) gloves.
Gwna dy waith cartref.	Do your (sing.) homework.
Newidia i dy byjamas.	Change into your (sing.) pyjamas.
Rho dy lyfr ar y silff, plîs.	Put your (sing.) book on the shelf, please.
Rho dy Lego yn y bocs.	Put your (sing.) Lego in the box.
Symuda Doli o'r ffordd.	Move Dolly out of the way. (sing.)

BRWSIA DY DDANNEDD, PLÎS, DEL!

Gwisgwch eich sanau.	*Put on your (pl.) socks.*
Tynnwch eich esgidiau.	*Take off your (pl.) shoes.*
Tacluswch eich teganau.	*Tidy up your (pl.) toys.*
Taflwch eich pêl.	*Throw your (pl.) ball.*
Brwsiwch eich dannedd.	*Brush your (pl.) teeth.*
Cofiwch eich menig.	*Remember your (pl.) gloves.*
Gwnewch eich gwaith cartref.	*Do your (pl.) homework.*
Newidiwch i'ch pyjamas.	*Change into your (pl.) pyjamas.*
Rhowch eich llyfrau ar y silff.	*Put your (pl.) books on the shelf.*
Rhowch eich Lego yn y bocs.	*Put your Lego in the box. (pl.)*
Symudwch Doli o'r ffordd.	*Move Dolly out of the way. (pl.)*

GWNEWCH EICH GWAITH CARTREF, TAID A DEL!

Rhagor o gwestiynau eisiau/isio	More 'to want' questions
Wyt ti eisiau taflu dy awyren? (S.W.) Wyt ti isio taflu dy awyren? (N.W.)	Do you (sing.) want to throw your (sing.) plane?
Wyt ti eisiau gwisgo dy got? (S.W.) Wyt ti isio gwisgo dy got? (N.W.)	Do you (sing.) want to put on your (sing.) coat?
Wyt ti eisiau tacluso dy deganau? (S.W.) Wyt ti isio tacluso dy deganau? (N.W.)	Do you (sing.) want to tidy up your (sing.) toys?
Wyt ti eisiau cicio dy bêl? (S.W.) Wyt ti isio cicio dy bêl? (N.W.)	Do you (sing.) want to kick your (sing.) ball?
Wyt ti eisiau bwyta dy fwyd? (S.W.) Wyt ti isio bwyta dy fwyd? (N.W.)	Do you (sing.) want to eat your (sing.) food?
Ydw. / Nac ydw. (S.W.) Oes. / Nac oes. (N.W.)	Yes (I do). / No (I don't).

Dych chi eisiau taflu eich awyrennau? (S.W.) Dach chi isio taflu eich awyrennau? (N.W.)	*Do you (pl.) want to throw your (pl.) planes?*
Dych chi eisiau gwisgo eich cotiau? (S.W.) Dach chi isio gwisgo eich cotiau? (N.W.)	*Do you (pl.) want to put on your (pl.) coats?*
Dych chi eisiau cicio eich pêl? (S.W.) Dach chi isio cicio eich pêl? (N.W.)	*Do you (pl.) want to kick your (pl.) ball?*
Dych chi eisiau bwyta eich bwyd? (S.W.) Dach chi isio bwyta eich bwyd? (N.W.)	*Do you (pl.) want to eat your (pl.) food?*
Dych chi eisiau golchi eich gwalltiau? (S.W.) Dach chi isio golchi eich gwalltiau? (N.W.)	*Do you (pl.) want to wash your (pl.) hair?*
Ydyn. / Nac ydyn. (S.W.) Oes. / Nac oes. (N.W.)	*Yes (we do). / No (we don't).*

DACH CHI ISIO TACLUSO EICH TEGANAU?

Pa liw ...?	What colour ...?
Pa liw yw'r cylch? (S.W.) Pa liw ydy'r cylch? (N.W.)	What colour is the circle?
Pa liw yw'r seren? (S.W.) Pa liw ydy'r seren? (N.W.)	What colour is the star?
Pa liw yw e? (S.W.) Pa liw ydy o? (N.W.)	What colour is it? (masculine word)
Pa liw yw hi? (S.W.) Pa liw ydy hi? (N.W.)	What colour is it? (feminine word)
Pa liw yw dy siwmper di? (S.W.) Pa liw ydy dy siwmper di? (N.W.)	What colour is your (sing.) jumper?
Pa liw wyt ti eisiau? (S.W.) Pa liw wyt ti isio? (N.W.)	What colour do you (sing.) want?
Pa liwiau wyt ti eisiau? (S.W.) Pa liwiau wyt ti isio? (N.W.)	What colours do you (sing.) want?

 See colours on inside back flap.

 **PA LIWIAU WYT TI EISIAU, NIA?**

 **COCH, GWYN A GWYRDD.**

Siapiau	Shapes
cylch	sffêr
triongl	pyramid
sgwâr	ciwb
petryal	ciwboid
hirgrwn	silindr
*seren	côn

Pwy a Beth/Be?	Who and What?
Pwy yw hwn? (S.W.) Pwy ydy hwn? (N.W.)	Who's this? (for a male)
Pwy yw hon? (S.W.) Pwy ydy hon? (N.W.)	Who's this? (for a female)
Beth yw hwn? (S.W.) Be ydy hwn? (N.W.)	What's this? (for a masculine noun)
Beth yw hon? (S.W.) Be ydy hon? (N.W.)	What's this? (for a feminine noun)

Tad-cu yw e! (S.W.) Taid ydy o! (N.W.)	It's Grandpa!
Mam-gu yw hi! (S.W.) Nain ydy hi! (N.W.)	It's Grandma!
Mochyn yw e. (S.W.) Mochyn ydy o. (N.W.)	It's a pig.
Draig yw hi. (S.W.) Draig ydy hi. (N.W.)	It's a dragon.

 BETH YW HON?

 DRAIG YW HI.

Pwy yw dy ffrind di yn yr ysgol? (S.W.) Pwy ydy dy ffrind di yn yr ysgol? (N.W.)	Who is your (sing.) friend in school?
Pwy yw dy arwr di? (S.W.) Pwy ydy dy arwr di? (N.W.)	Who is your (sing.) hero?

Beth yw enw dy anifail anwes di? (S.W.) Be ydy enw dy anifail anwes di? (N.W.)	What is the name of your (sing.) pet? (What's your pet called?)
Beth yw enw dy athro di? (S.W.) Be ydy enw dy athro di? (N.W.)	What is the name of your (sing.) teacher?
Beth yw enw dy dedi di? (S.W.) Be ydy enw dy dedi di? (N.W.)	What is the name of your (sing.) teddy? (What's your teddy called?)
Beth yw lliw dy siwmper di? (S.W.) Be ydy lliw dy siwmper di? (N.W.)	What colour is your (sing.) jumper?
Beth yw lliw dy wallt di? (S.W.) Be ydy lliw dy wallt di? (N.W.)	What colour is your (sing.) hair?
Beth yw lliw dy lygaid di? (S.W.) Be ydy lliw dy lygaid di? (N.W.)	What colour are your (sing.) eyes?

Be ydy enw dy athrawes di? (N.W.)

beh <u>uh</u>-dee <u>enn</u>-oo duh ahth-<u>rahoo</u>-ess dee?

What's your teacher's name?

Beth yw enw dy athrawes di? (S.W.)

Ein Dosbarth Ni

dy hoff ... di	your favourite ...
Pwy yw dy hoff athro/athrawes di? (S.W.) Pwy ydy dy hoff athro/athrawes di? (N.W.)	Who is your (sing.) favourite teacher? (m./f.)
Pwy yw dy hoff berson di? (S.W.) Pwy ydy dy hoff berson di? (N.W.)	Who is your (sing.) favourite person?
Beth yw dy hoff anifail di? (S.W.) Be ydy dy hoff anifail di? (N.W.)	What is your (sing.) favourite animal?
Beth yw dy hoff ffilm di? (S.W.) Be ydy dy hoff ffilm di? (N.W.)	What is your (sing.) favourite film?
Beth yw dy hoff lyfr di? (S.W.) Be ydy dy hoff lyfr di? (N.W.)	What is your (sing.) favourite book?

Anifeiliaid – *Animals* (pets on page 89)

Masculine words

aderyn	*bird*
asyn	*donkey*
broga	*frog (S.W.)*
cadno (S.W.) / llwynog (N.W.)	*fox*
carw	*deer*
ceffyl	*horse*
deinosor	*dinosaur*
dolffin	*dolphin*
draenog	*hedgehog*
eliffant	*elephant*
lindysyn	*caterpillar*
llew	*lion*
llyffant	*toad/frog (N.W.)*
mochyn	*pig*
mwnci	*monkey*
mwydyn (S.W.) / pryf genwair (N.W.)	*worm*
pili-pala	*butterfly*
siarc	*shark*
teigr	*teigr*
ystlum	*bat*

Feminine words

arth	*bear*
buwch	*cow*
buwch goch gota	*ladybird*
cwningen	*rabbit*
dafad	*sheep*
draig	*dragon*
gafr	*goat*
gwiwer	*squirrel*
gwlithen	*slug*
gwylan	*seagull*
hwyaden	*duck*
iâr	*hen*
iâr fach yr haf	*butterfly*
llygoden	*mouse*
madfall	*lizard*
malwoden (S.W.) / malwen (N.W.)	*snail*
neidr	*snake*
seren fôr	*starfish*
tylluan	*owl*
ysgyfarnog	*hare*

Beth yw dy hoff bitsa di? (S.W.)

beth eeoo duh hof bitza dee?

What's your favourite pizza?

Be ydy dy hoff bitsa di? (N.W.)

Amser	Time
Pryd mae'r cyngerdd?	When is the concert?
Pryd mae'r gêm?	When is the game?
Pryd mae dy ben-blwydd di?	When is your (sing.) birthday?
Pryd mae'r wers?	When is the lesson?

Mae'r wers ...	The lesson is ...
heddiw.	today.
(y) bore 'ma.	this morning.
(y) prynhawn 'ma.	this afternoon.
heno.	tonight.
yfory.	tomorrow.
prynhawn yfory.	tomorrow afternoon.
nos yfory.	tomorrow night.
dydd Sadwrn.	Saturday.
nos Wener.	Friday night.
(yr) wythnos nesa.	next week.
ar ôl swper.	after supper.
cyn cinio.	before dinner.
mewn awr.	in an hour.
mewn hanner awr.	in half an hour.
ym mis Ionawr.	in January.

See full list of the days and evenings of the week inside the front cover.

Faint o'r gloch yw hi? (S.W.) Faint o'r gloch ydy hi? (N.W.)	*What time is it?*
Am faint o'r gloch mae'r ...?	*At what time is the ...?*

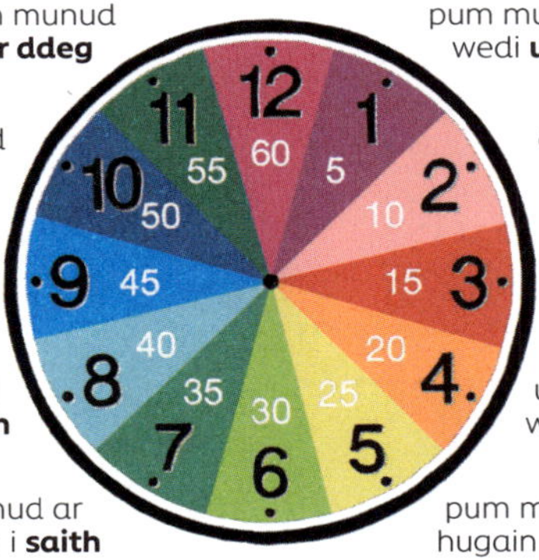

deuddeg o'r gloch

pum munud i **un ar ddeg**

pum munud wedi **un**

deg munud i **ddeg**

deg munud wedi **dau**

chwarter i **naw**

chwarter wedi **tri**

ugain munud i **wyth**

ugain munud wedi **pedwar**

pum munud ar hugain i **saith**

pum munud ar hugain wedi **pump**

hanner awr wedi **chwech**

See numbers on inside front cover.

Am faint o'r gloch mae swper?

ahm vaheent ohr glohkch mahee <u>soup</u>-err?

At what time is supper?

7:00

9:00

16:00

18:00

19.30

Wyt ti wedi ...?	*Have you ...?*
Wyt ti wedi tacluso?	*Have you (sing.) tidied up?*
Wyt ti wedi ymolchi?	*Have you (sing.) had a wash?*
Wyt ti wedi gorffen eto?	*Have you (sing.) finished yet?*
Wyt ti wedi ffeindio dy het?	*Have you (sing.) found your hat?*
Wyt ti wedi gwneud dy waith cartref?	*Have you (sing.) done your homework?*

Ydw. / Nac ydw. (S.W.) Do. / Naddo. (N.W.)	*Yes (I have). / No (I haven't).*

Dw i wedi tacluso.	*I have tidied up.*
Dw i ddim wedi cael digon.	*I haven't had enough.*
Rwyt ti wedi ymolchi.	*You (sing.) have had a wash.*
Dwyt ti ddim wedi gorffen eto.	*You (sing.) haven't finished yet.*

WYT TI WEDI TACLUSO ETO?

NAC YDW!

Dych chi wedi bod yn y tŷ bach? (S.W.) Dach chi wedi bod yn y tŷ bach? (N.W.)	*Have you (pl.) been to the toilet?*
Dych chi wedi colli rhywbeth? (S.W.) Dach chi wedi colli rhywbeth? (N.W.)	*Have you (pl.) lost something?*
Dych chi wedi anghofio rhywbeth? (S.W.) Dach chi wedi anghofio rhywbeth? (N.W.)	*Have you (pl.) forgotten something?*

Ydyn. / Nac ydyn. (S.W.) Do. / Naddo. (N.W.)	*Yes (we have). / No (we haven't).*

'Dyn ni wedi colli rhywbeth. (S.W.) Dan ni wedi colli rhywbeth. (N.W.)	*We've lost something.*
'Dyn ni ddim wedi cofio popeth. (S.W.) Dan ni ddim wedi cofio popeth. (N.W.)	*We haven't remembered everything.*

Dych chi wedi gorffen eto? (S.W.)

deech kchee <u>ooeh</u>-dee <u>gohrph</u>-en <u>eh</u>-toh?

Have you finished yet?

Dach chi wedi gorffen eto? (N.W.)

Meddiant	Possession
Beth sy gyda ti? (S.W.) Be sy gen ti? (N.W.)	What have you (sing.) got? / What do you (sing.) have?
Oes anifail anwes gyda ti? (S.W.) Sgen ti anifail anwes? (N.W.)	Have you (sing.) got a pet? / Do you (sing.) have a pet?
Oes. / Nac oes.	Yes. / No.
Mae cath gyda fi. (S.W.) Mae gen i gath. (N.W.)	I've got a cat. / I have a cat.
Does dim ci gyda fi. (S.W.) Sgen i ddim ci. (N.W.)	I haven't got a dog. / I don't have a dog.

OES ANIFAIL ANWES GYDA TI?

NAC OES.

Mae brawd gyda ti. (S.W.) Mae gen ti frawd. (N.W.)	You've (sing.) got a brother. / You (sing.) have a brother.
Does dim chwaer gyda ti. (S.W.) Sgen ti ddim chwaer. (N.W.)	You (sing.) haven't got a sister. / You (sing.) don't have a sister.

Rhai anifeiliaid anwes	***Some pets, * indicates feminine noun***
bochdew	*hamster*
*cath	*cat*
*cath fach	*kitten*
ci	*dog*
ci bach	*puppy*
*cwningen	*rabbit*
*llygoden	*mouse*
mochyn cwta	*guinea-pig*
pysgodyn aur	*goldfish*

DOES DIM BRAWD GYDA FI.

Mae ci gyda fi. (S.W.)

mahee key <u>guh</u>-dah vee

I've got a dog.

Mae gen i gi. (N.W.)

Mae ci brwnt gyda fi! (S.W.)

mahee key broont <u>guh</u>-dah vee

I have a dirty dog!

Mae gen i gi budr! (N.W.)

Meddiant	Possession
Beth sy gyda chi? (S.W.) Be sy gynnoch chi? (N.W.)	What have you (pl.) got? / What do you (pl.) have?
Oes amser gyda chi? (S.W.) Sgynnoch chi amser? (N.W.)	Have you (pl.) got time? / Do you (pl.) have time?
Oes. / Nac oes.	Yes. / No.
Mae tabled gyda ni. (S.W.) Mae gynnon ni dabled. (N.W.)	We've got a tablet. / We have a tablet.
Does dim tabled gyda ni. (S.W.) Sgynnon ni ddim tabled. (N.W.)	We haven't got a tablet. / We don't have a tablet.

Rhai eitemau cyffredin	*Some common items, * indicates feminine noun*
beic	*bike*
beiro	*biro*
bwced	*bucket*
cas pensiliau	*pencil case*
*cyllell	*knife*
ffôn	*phone*
*fforc	*fork*
gemau bwrdd	*board games*
gwaith cartref	*homework*
jig-so	*jigsaw*
*llwy	*spoon*
llyfr	*book*
*pêl	*ball*
pensil	*pencil*
*rhaw	*spade*
*sach deithio	*rucksack*
tabled	*tablet*
tegan(au)	*toy(s)*

Meddiant	Possession
Beth sy gyda hi? (S.W.) Be sy gynni hi? (N.W.)	What has she got? / What does she have?
Beth sy gyda fe? (S.W.) Be sy gynno fo? (N.W.)	What has he got? / What does he have?
Beth sydd gyda nhw? (S.W.) Be sy gynnyn nhw? (N.W.)	What have they got? / What do they have?
Oes jig-so gyda hi? (S.W.) Sgynni hi jig-so? (N.W.)	Has she got a jigsaw? / Does she have a jigsaw?
Oes beic gyda fe? (S.W.) Sgynno fo feic? (N.W.)	Has he got a bike? / Does he have a bike?
Oes pêl gyda nhw? (S.W.) Sgynnyn nhw bêl? (N.W.)	Have they got a ball? / Do they have a ball?
Oes. / Nac oes.	Yes. / No.

SGYNNI HI FFÔN?

NAC OES.

Mae bwced gyda fe. (S.W.) Mae gynno fo fwced. (N.W.)	He's got a bucket. / He has a bucket.
Mae rhaw gyda hi. (S.W.) Mae gynni hi raw. (N.W.)	She's got a spade. / She has a spade.
Mae arian gyda chi. (S.W.) Mae gynnoch chi bres. (N.W.)	You've (pl.) got money. / You (pl.) have money.
Mae amser gyda nhw. (S.W.) Mae gynnyn nhw amser. (N.W.)	They've got time. / They have time.

Does dim pêl gyda hi. (S.W.) Sgynni hi ddim pêl. (N.W.)	She hasn't got a ball. / She doesn't have a ball.
Does dim ffôn gyda fe. (S.W.) Sgynno fo ddim ffôn. (N.W.)	He hasn't got a phone. / He doesn't have a phone.
Does dim tabled gyda chi. (S.W.) Sgynnoch chi ddim tabled. (N.W.)	You (pl.) haven't got a tablet. / You (pl.) don't have a tablet.
Does dim gwaith cartref gyda nhw. (S.W.) Sgynnyn nhw ddim gwaith cartref. (N.W.)	They haven't got homework. / They don't have homework.

Meddiant	Possession
Oes digon o amser gyda ti? (S.W.) Sgen ti ddigon o amser? (N.W.)	Have you (sing.) got enough time?
Oes llawer o deganau gyda ti? (S.W.) Sgen ti lawer o deganau? (N.W.)	Have you (sing.) got a lot of toys?
Oes gormod o fwyd gyda chi? (S.W.) Sgynnoch chi ormod o fwyd? (N.W.)	Have you (pl.) got too much food?
Oes rhagor o lyfrau gyda chi? (S.W.) Sgynnoch chi ragor o lyfrau? (N.W.)	Do you (pl.) have more books?

OES LLAWER O DEGANAU GYDA TI?

NAC OES.

Beth sy'n bod?	What's the matter?
Beth sy'n bod? (S.W.) Be sy'n bod? (N.W.)	What's the matter?
Oes pen tost gyda ti? (S.W.) Sgen ti gur pen? (N.W.)	Do you (sing.) have a headache?
Oes bola tost gyda ti? (S.W.) Sgen ti boen bol? (N.W.)	Do you (sing.) have a bellyache?
Oes gwddw tost gyda ti? (S.W.) Sgen ti ddolur gwddf? (N.W.)	Do you (sing.) have a sore throat?
Oes. / Nac oes.	Yes. / No.

Oedran	Age
Faint yw dy oedran di? (S.W.) Faint ydy dy oed di? (N.W.)	How old are you? (sing.)
Faint yw oedran Nia? (S.W.) Faint ydy oed Nia? (N.W.)	How old is Nia?
un (oed); dwy (oed); tair (oed)	one (year old), two, three (years old)
pedair (oed); pump (oed) ...	four, five (years old) ...

Oes rhagor o arian poced gyda ti? (S.W.)

oys <u>rhag</u>-ohr oh <u>ahr</u>-eeann <u>pock</u>-ehd <u>guh</u>-dah tee?

Have you got more pocket money?

Sgen ti ragor o bres poced? (N.W.)

Y Gorffennol	*The Past Tense*
Beth wnest ti yn yr ysgol heddiw? (S.W.) Be wnest ti yn yr ysgol heddiw? (N.W.) Dim byd! Wnest ti'r gwaith cartref? Do. / Naddo.	*What did you (sing.) do in school today?* *Nothing!* *Did you (sing.) do the homework?* *Yes. / No.*
Gwnest ti'r gwaith cartref ddoe. (S.W.) Mi wnest ti'r gwaith cartref ddoe. (N.W.) Da iawn ti! Wnest ti ddim byd heno.	*You (sing.) did the homework yesterday.* *Well done you! (sing.)* *You (sing.) didn't do anything tonight.*

BETH WNEST TI YN YR YSGOL?

DIM BYD!

Beth wnaethoch chi yn y clwb heno? (S.W.)	What did you (pl.) do in the club tonight?
Be wnaethoch chi yn y clwb heno? (N.W.)	
Wnaethoch chi rywbeth diddorol?	Did you (pl.) do anything interesting?
Do. / Naddo.	Yes. / No.

Gwnaethoch chi rywbeth diddorol ddoe. (S.W.)	You (pl.) did something interesting yesterday.
Mi wnaethoch chi rywbeth diddorol ddoe. (N.W.)	
Da iawn chi!	Well done you! (pl.)
Wnaethoch chi ddim byd ddoe.	You (pl.) didn't do anything yesterday.

WNAETHOCH CHI RYWBETH DIDDOROL?

NADDO!

Wnest ti'r gwaith cartref i gyd, Nia?

oonehst teer gooaheeth car-trev ee geed, Nia?

Did you do all the homework, Nia?

Wnes i ddim mathemateg neithiwr.

oonehs ee thim math-eh-<u>mat</u>-egg <u>neigh</u>-theeoor

I didn't do (any) maths last night.

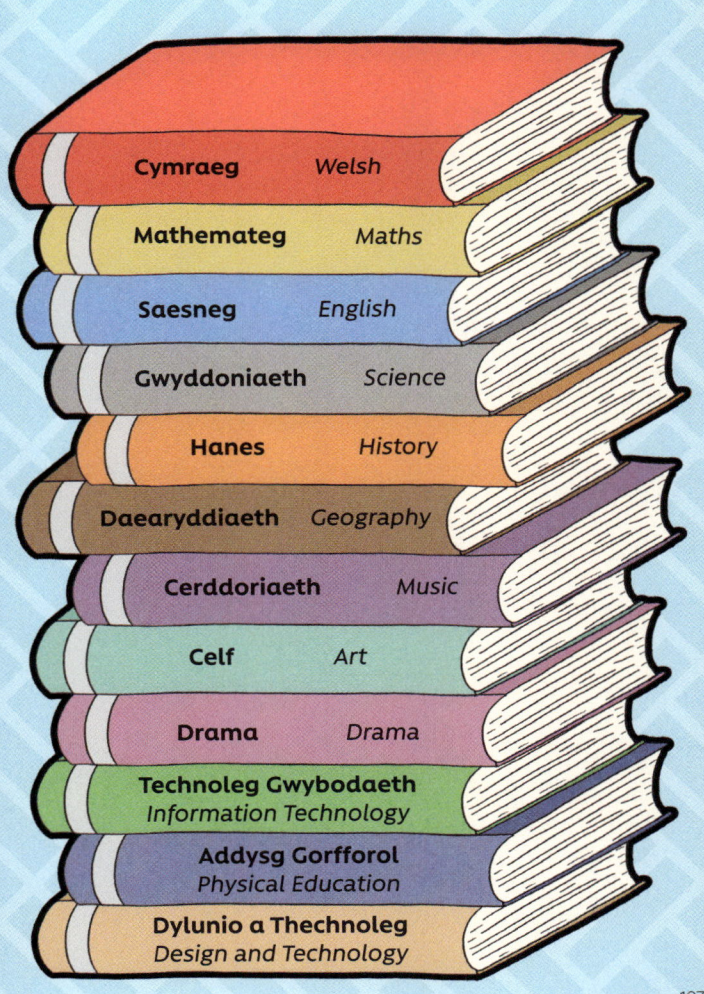

Y Gorffennol	The Past Tense
Beth gest ti i frecwast y bore 'ma? (S.W.) Be gest ti i frecwast bore 'ma? (N.W.)	What did you (sing.) have for breakfast this morning?

Gest ti hwyl yn y parti?	Did you (sing.) have fun in the party?
Gest ti amser da yn yr ysgol?	Did you (sing.) have a good time in school?
Gest ti uwd i frecwast?	Did you (sing.) have porridge for breakfast?
Do. / Naddo.	Yes. / No.

Cest ti anrheg oddi wrth Del. (S.W.) Mi gest ti anrheg gan Del. (N.W.)	You (sing.) had a present from Del.
Ces i hwyl yn y parti. (S.W.) Mi ges i hwyl yn y parti (N.W.)	I had fun in the party.

Beth gaethoch chi i swper neithiwr? (S.W.) Be gaethoch chi i swper neithiwr? (N.W.)	*What did you (pl.) have for supper last night?*

Gaethoch chi jeli yn y parti?	*Did you (pl.) have jelly at the party?*
Gaethoch chi hufen iâ ar y traeth?	*Did you (pl.) have ice cream on the beach?*
Gaethoch chi amser i nofio?	*Did you (pl.) have time to swim?*
Do. / Naddo.	*Yes. / No.*

Gaethoch chi jeli! (S.W.) Mi gaethoch chi jeli! (N.W.)	*You (pl.) had jelly!*
Gaethon ni hwyl ar y ffordd adre. (S.W.) Mi gaethon ni hwyl ar y ffordd adre. (N.W.)	*We had fun on the way home.*

GAETHOCH CHI HWYL YN Y PARTI?

DO, DIOLCH.

Gaethoch chi hwyl ddoe?

<u>Gayth</u>-ohkch kchee hooeel thohee?

Did you have fun yesterday?

Y Gorffennol	The Past Tense
Ble est ti neithiwr? (S.W.) Lle est ti neithiwr? (N.W.) Sut est ti? Pryd est ti?	Where did you (sing.) go last night? How did you (sing.) go? When did you (sing.) go?
Est ti i nofio ddoe? Est ti at y deintydd ddoe? Do. / Naddo.	Did you (sing.) go swimming yesterday? Did you (sing.) go to the dentist yesterday? Yes. / No.
Est ti i'r wers echnos. (S.W.) Mi est ti i'r wers echnos. (N.W.) Est ti at y deintydd dydd Iau. (S.W.) Mi est ti at y deintydd dydd Iau. (N.W.)	You (sing.) went to the lesson the night before last. You (sing.) went to the dentist on Thursday.

EST TI I NOFIO DDOE?

NADDO.

Ble aethoch chi neithiwr? (S.W.) Lle aethoch chi neithiwr? (N.W.)	*Where did you (pl.) go last night?*
Sut aethoch chi?	*How did you (pl.) go?*
Pryd aethoch chi?	*When did you (pl.) go?*

Aethoch chi i'r clwb neithiwr?	*Did you (pl.) go to the club last night?*
Aethoch chi i'r gêm ddoe?	*Did you (pl.) go to the game yesterday?*
Do. / Naddo.	*Yes. / No.*

Aethoch chi i'r parti neithiwr. (S.W.) Mi aethoch chi i'r parti neithiwr. (N.W.)	*You (pl.) went to the party last night.*
Aethoch chi i'r gêm dydd Sadwrn. (S.W.) Mi aethoch chi i'r gêm dydd Sadwrn. (N.W.)	*You (pl.) went to the game on Saturday.*

Aethon ni i sglefrfyrddio ddoe. (S.W.)

<u>ahee</u>-thon nee ee sgleh-vr-<u>vuhrth</u>-eeoh thohee

We went skateboarding yesterday.

Mi aethon ni i sglefrfyrddio ddoe. (N.W.)

Y Gorffennol	The Past Tense
Beth ddigwyddodd? (S.W.) Be wnaeth ddigwydd? (N.W.)	What happened?
Beth welaist ti? (S.W.) Be wnest ti weld? (N.W.)	What did you (sing.) see?
Pwy weloch chi? (S.W.) Pwy wnaethoch chi weld? (N.W.)	Whom did you (pl.) see?
Ble cwympaist ti? (S.W.) Lle wnest ti syrthio? (N.W.)	Where did you (sing.) fall?
Pryd clywoch chi? (S.W.) Pryd wnaethoch chi glywed? (N.W.)	When did you (pl.) hear?

Gest ti ddolur? (S.W.) Wnest ti frifo? (N.W.)	*Did you (sing.) hurt yourself?*
Wnest ti grio?	*Did you (sing.) cry?*
Wnest ti golli'r bws?	*Did you (sing.) miss the bus?*

Do. / Naddo.	*Yes. / No.*

Teithiaist ti … / Teithioch chi… (S.W.) Mi wnest ti deithio … / Mi wnaethoch chi deithio … (N.W.)	*You (sing./pl.) travelled*

ar y beic	*by bike / on the bike*
ar y bws	*by bus / on the bus*
ar long	*by ship / on a ship*
mewn awyren	*by plane / on a plane*
mewn tacsi	*by taxi / in a taxi*
yn y car	*by car / in the car*

Gweithiais i yn yr ardd ddoe. (S.W.)

gooeh-eetheeahees ee uhn uhr ahrth thohee.

I worked in the garden yesterday.

Mi wnes i weithio yn yr ardd ddoe (N.W.)

Bwydon ni'r adar yn yr ardd. (S.W.)

<u>booeed</u>-on nee-r <u>add</u>-arr uhn uhr ahrth

We fed the birds in the garden.

Mi wnaethon ni fwydo'r adar yn yr ardd. (N.W.)

Prynais i anrheg i Del ddoe. (S.W.)

<u>pruhn</u>-ahees ee <u>ahn</u>-rhegg ee Del thohee

I bought Del a present yesterday.

Mi wnes i brynu i anrheg i Del ddoe. (N.W.)

Y Dyfodol	The Future Tense
Fyddi di'n mynd i chwarae gyda Twm yfory? (S.W.) Fyddi di'n mynd i chwarae efo Twm yfory? (N.W.)	Will you (sing.) go and play with Twm tomorrow?
Fyddi di'n mynd i nofio ar y penwythnos?	Will you (sing.) go swimming at the weekend?
Bydda. / Na fydda.	Yes (I will). / No (I won't).

Ble byddi di'n mynd ar y penwythnos? (S.W.) Lle fyddi di'n mynd ar y penwythnos? (N.W.)	Where will you (sing.) go at the weekend?
Sut byddi di'n dod yn ôl? (S.W.) Sut byddi di'n dŵad yn ôl? (N.W.)	How will you (sing.) come back?
Pwy fydd yn mynd gyda ti? (S.W.) Pwy fydd yn mynd efo ti? (N.W)	Who will go with you (sing.)?
Pryd byddi di'n dod yn ôl? (S.W.) Pryd fyddi di'n dod yn ôl? (N.W.)	When will you come back (sing.)?

Byddi di'n cael hwyl. (S.W.) Mi fyddi di'n cael hwyl. (N.W.)	You'll (sing.) have fun.
Fyddi di ddim yn anghofio.	You (sing.) won't forget.

Fyddwch chi'n mynd i chwarae yfory?	Will you (pl.) go and play tomorrow?
Fyddwch chi'n mynd i nofio nos Lun?	Will you (pl.) go swimming Monday night?
Byddwn. / Na fyddwn.	Yes (we will). / No (we won't).

Ble byddwch chi'n mynd ar y penwythnos? (S.W.) Lle fyddwch chi'n mynd ar y penwythnos? (N.W.)	Where will you (pl.) go at the weekend?
Sut byddwch chi'n dod yn ôl? (S.W.) Sut fyddwch chi'n dŵad yn ôl? (N.W.)	How will you (pl.) come back?
Pwy fydd yn mynd gyda chi? (S.W.) Pwy fydd yn mynd efo chi? (N.W)	Who will go with you (pl.)?
Pryd byddwch chi'n dod yn ôl? (S.W.) Pryd fyddwch chi'n dŵad yn ôl? (N.W.)	When will you (pl.) come back?

Byddwch chi'n cael hwyl. (S.W.) Mi fyddwch chi'n cael hwyl. (N.W.)	You'll (pl.) have fun.
Fyddwch chi ddim yn anghofio.	You (pl.) won't forget.

Byddwn ni'n dod i aros eto, Nia. (S.W.)

<u>buh</u>-thoon neen dohd ee <u>ah</u>-ross <u>eh</u>-to, Nia

We'll come and stay again, Nia.

Mi fyddwn ni'n dŵad i aros eto, Nia. (N.W.)

*For Deborah and Gareth Head – Mum and Dad.
Thank you for your kindness, humour and unquestionable love.
– R. H.*

*I bob un sy'n dysgu Cymraeg.
– E. M.*

Published by Handy Learners

An imprint of Rily Publications Ltd
PO Box 257, Caerphilly CF83 9FL

ISBN 978-1-84967-643-4

Text Copyright © Elin Meek, 2021

Illustrations Copyright © Ryan Head, 2021

Characters and Storylines Copyright © HRDT Ltd, 2021

The right of Elin Meek and Ryan Head to be identified as the author and illustrator of this Work has been asserted by them in accordance with sections 77 and 78 of the Copyright, Designs and Patents Act 1988.

All rights reserved under International and Pan-American Copyright Conventions. No part of this publication may be reproduced, distributed stored or transmitted in any form, or by any means, without the prior written permission of the publisher.

Handy Learners does not warrant that any website mentioned in this title will be provided uninterrupted, that any website will be error free, that defects will be corrected, or that the website or the server that makes it available are free of viruses or bugs. For full terms and conditions please refer to the site terms provided on the website.

Design by Richard Huw Pritchard

Special thanks to Magw Jên Dafydd for kindly supplying the West Walian voice of Nia and to Gwenno Hughes for supplying the North Walian voice of Beca.

Published with the financial support of the Books Council of Wales.

Printed in Malta.

Handy Learners has made every reasonable effort to ensure that any picture content and written content in this book has been included or removed in accordance with the contractual and technological constraints in operation at the time of publication.